Diana Araujo Pereira

Horizontes partidos

Edición bilingue: Portugués - Español

Edição bilingue: Português - Espanhol

artepoética press

Nueva York, 2016

Title: Horizontes partidos
ISBN-10: 1-940075-44-0
ISBN-13: 978-1-940075-44-0

Design: © Ana Paola González
Cover & Image: © Jhon Aguasaco
Author's photo by: © Carlos Aguasaco
Editor in chief: Carlos Aguasaco
E-mail: carlos@artepoetica.com
Mail: 38-38 215 Place, Bayside, NY 11361, USA.

Índice

Infinitos caminos en el horizonte

Perspectivas, lugares-piel, derroteros de espera. *Horizontes Partidos* es un soplo cálido de esperanzada resistencia, un aliento con tintes de esa melancolía que no deja de creer. Hacen falta muchos matices para hablar de la obra que tenemos en manos. Tonos que van desde la amplitud geográfica hasta la complejidad simbólica con la que se tejen sus versos. Estos horizontes son obra de mujer. El dato no se puede, no se debe y no se va a olvidar. No lo olvidaremos porque su fuerza reside también en ello, en la decisión continua y diaria que supone disponerse a ser voz y a ser canto, en los espacios que, históricamente, nos silencian. Y las mujeres que osan hablar jamás lo hacen solas. Junto a los sonidos que emitimos susurran las que antes de nosotras se alzaron en rebeldía. Dialogamos.

En los poemas de apertura de la obra podemos escuchar, si se quiere, los ecos mexicanos de una Amparo Dávila, en el *ruido perpetuo que se esconde bajo los muebles*, como un huésped indefinido, externo e interno, al que hay que acceder para liberarse del miedo y de la niebla. El camino emprendido hacia el despertar se tiñe de imágenes opuestas y complementarias, a veces dentro del mismo poema: oníricas y amenazadoras (*Corro por los pasillos de la muerte que asombran mis días. /Niebla y pétalos de placeres cedidos/ blasón de serpientes en pie de igualdad.*), concretas y realistas (*La aventura y el orden/ que entre sí negocian el devenir*). La poeta nos enseña un recorrido de autoconocimientos, como toda la literatura lo es al fin y al cabo, sin dejar de apuntar hacia un sendero que se alumbra con aspectos sociales y políticos. En la estrategia de construcción textual, la metapoesía ocupa un lugar central en la obra, el poema es instrumento y objeto, partida-puente-llegada:

> *Hay puentes hacia los viejos mundos*
> *y las viejas casas.*
> *Textos, traducciones, mapas, voces.*
> > *(Irrisorios, descosidos)*
> *Nos falta poco, es cierto,*
> *nos queda el mundo encubierto.*

De esa forma, nos guía por entre los bosques de símbolos forjados en los juegos de analogías y paisajes, tanto familiares como misteriosos. Los conceptos de *heimlich/unheimlich* encajarían aquí a la perfección. Ese extraño familiar, tan necesario al empuje hacia los cambios hace acto de presencia desde las primeras estrofas. Y la masa compleja con la que se hacen los poemas nos inspira un recuerdo de odas nerudianas, ya que todo lo humano, todo lo natural, todo lo social es materia de constructo:

> *Los libros nacen del Tiempo.*
> *Las palabras florecen en las sucias ramas de la sociedad.*
> *Los dedos escriben sobre el dolor acumulado en capas de historia y de vida.*
> *Capas de polvo lúgubre y desértico.*
> *Escribir es tender puentes sobre abismos de olvido.*

A lo largo de las piezas poéticas, los espejos enterrados de América se desvelan poco a poco en múltiples rostros. La palabra de Diana Araujo Pereira nos entrega no solo el reflejo de nuestra propia mirada, sino también la posibilidad de cuestionarla a través del objeto que también nos mira (como revela Didi-Huberman en su observación de la obra de arte a través de la lectura de los ensayos de W. Benjamin). Nos constituimos en esa doble observación, a pesar del miedo y del asombro. La no linealidad histórica nos permite considerar y reconfigurar los espacios saqueados, los nombres impuestos, las identidades forzadas. Nuevos ecos de escritoras, de voces hermanadas nos llegan al oído, recordamos "América en el idioma de la memoria" de Gioconda Belli. Recordamos las que siempre hablan desde la piel de dentro y la de fuera a la vez:

> *Ternura y violencia de siglos, saqueos de pies y de manos, la frente escondida, la miel añorada, la sonrisa desierta.*
> *[...]La tarde ahora te convoca al entierro de tu viejo nombre, y te conviertes en paseo de vientres y recorrido de pájaros.*

Los pasos se afianzan en una caminata continua en la que se perfilan los contornos del anunciado *ser que seremos*. Se hacen necesarios nuevos nombres para referirse a nuevas realidades, nombres que cuelgan, *nombres en los bordes de las cosas*. La contradicción, las posibilidades, los reajustes y los cambios forman parte de esa reconfiguración de seres y tierras:

Somos tierra y cielo
participación incongruente
formas desconectadas
islas de amores y odios

Tal reconfiguración, en una suerte de caja de resonancia de la memoria literaria de América, se inserta en el diálogo con los huéspedes innombrados de Dávila, la memoria de Belli, la materia poética de Neruda, el dolor de César Vallejo, las instrucciones de Cortázar, los barcos y los asombros de Quiroga… El poema XIX, por ejemplo, evoca fuertemente esa *piedra negra sobre piedra blanca* del escritor peruano, tan íntima y universal:

Hacia el sábado vamos apurados.
Día de muerte y resurrección del cuerpo del mundo.
Sal y nube
en el escenario externo
en el hueso húmero
en el polo y ápice de todo cuidado.

¿Y cuál sería la clave para romper los horizontes ofrecidos de siempre y poder caminar hacia los elegidos? El poema nos lo dice: hay que hacerlo a cuchilladas, *cuando ya las luces estén / a punto de apagarse. /En las tinieblas, en la oscuridad de los ojos.* Y así se revela el camino, las sendas de espacios y urbes reales-imaginadas que se recubren de rostros: Río de Janeiro, Roma, La Paz, Machu Picchu, la Triple Frontera. Ciudades caminadas, amadas, vividas y poetizadas de distintas maneras. La Historia y las historias empiezan y terminan en ellas, incluso las soñadas. Los conflictos sociales, la cara amarga del racismo y de las injusticias, la palabra punzante que incita al pensamiento y al cambio están allí.

Con una cartografía propia, al mismo tiempo íntima y amplia, autobiográfica y universal, los poemas de Diana Araujo Pereira nos ofrecen un mapa de ruta, una propuesta de viaje, una mirada hacia dentro que indica las luces exteriores. Leerlos es leer las líneas de la palma de una mano, tan firme como la de la mujer que lucha, tan inmensa como la de América Latina, tan incierta como la del marino que se lanza al mundo –el viejo y el nuevo–. Tan indecible como la poesía misma.

Bethania Guerra de Lemos
Santo Domingo, julio de 2015

Dedico este libro a las poetas que, en todos los tiempos,
resistieron con la palabra y su mirada. Y a mi abuela,
mujer hecha de fuerza y corazón,
que escribió líneas de vida bajo sus pasos.

*

Dedido este livro às poetas que, em todos os tempos,
resistiram com a palavra e seu olhar. E a minha avó,
mulher feita de força e coração,
que escreveu linhas de vida sob seus passos.

De lo inexacto me alimento
y toda el agua de los cielos es incapaz de lavar
esta ínfima y rebelde herida de tiempo que soy.
                        Blanca Varela

De un modo u otro
tras el alba
o
los rumores del viento
amanece
-diáfano
leve
pertinaz-
un sujeto y su verbo
                    Mercedes Roffé

I

Ser, de repente, la extraña que me abre la puerta,
    que mira en torno suyo y se da cuenta del miedo.
Hay un ruido perpetuo que se esconde bajo los muebles,
    que se arrastra por la sala y me ronda el sueño.
Hay un meandro secreto para el cual la cura es la dosis cierta,
    pesada y medida,
        del mismo miedo.
Pequeñas gotas en agua cristalina de sol,
    tomadas lentamente frente al espejo.
Varias, muchas dosis diarias
    (o también nocturnas, si te conviene)
    del desorden interno,
    de la solución de miedo.
Sorberlas lentamente,
absorberlas absolviéndose de la cárcel privada,
    de las rejas del miedo.
Días, semanas, años... de solución acuática,
    de las gotas de sal y agua,
    de los remolinos formados cada mañana.
Tal vez décadas sean entonces suficientes
    para punir lo de fuera y
    perdonar lo de dentro,
para juntar las partes solitarias de la esfera del miedo.

I

Ser, de repente, a estranha que me abre a porta,
    que olha em torno de si e se dá conta do medo.
Há um ruido perpétuo que se esconde sob os móveis,
    que se arrasta pela sala e me ronda o sono.
Há um meandro secreto para o qual a cura é a dose certa,
    pesada e medida,
        do próprio medo.
Pequenas gotas em água cristalina de sol,
    tomadas lentamente diante do espelho.
Várias, muitas doses diárias
    (ou também noturnas, se te convém)
    da desordem interna,
    da solução de medo.
Sorvê-las lentamente,
absorvê-las absolvendo-se do cárcere privado,
    das grades do medo.
Dias, semanas, anos... de solução aquática,
    das gotas de sal e água,
    dos redemoinhos formados a cada manhã.
Talvez décadas sejam então suficientes
    para punir o de fora e
    perdoar o de dentro,
para juntar as partes solitárias da esfera do medo.

II

Desde la hendidura
se ven los pasos que despiertan polvos antiguos
de muebles guardados en el tiempo.
Niebla que hace arder los ojos pero no llega a cegar.
Niebla que asusta al inicio
pero se deshace serena
cuando encuentra el paisaje.

II

Pela fenda
vêem-se os passos que despertam poeiras antigas
de móveis guardados no tempo.
Névoa que arde os olhos mas não chega a cegar.
Névoa que assusta no início
mas se desfaz serena
quando encontra a paisagem.

III

Corro por los pasillos de la muerte que asombran mis días.
Niebla y pétalos de placeres cedidos,
blasón de serpientes en pie de igualdad.
La aventura comienza en el primer escalón
y sólo se acaba el juego de dardos
al enroscarse a las estrellas.
La aventura y el orden
que entre si negocian el devenir
o el signo que nos toca y enmarca.

III

Corro pelos corredores da morte que assombram meus dias.
Névoa e pétalas de prazeres cedidos,
brasão de serpentes em pé de igualdade.
A aventura começa no primeiro degrau
e o jogo de dardos só acaba
ao enroscar-se às estrelas.
A aventura e a ordem
que entre si negociam o devir
ou o signo que nos compete e demarca.

IV

Hay un dolor ancestral que me ata a la tierra.
Y un frío polar que me asombra los huesos.
En la niebla me veo
      (tu cara entre las manos
      silencio guardado como tesoro secreto).
Los pies no se me hunden,
simplemente caminan acompañando el compás.
Furia de mares a contrapelo del viento.
Furia de dientes a mordiscar la manzana.
Temporal de naves
brebaje de náufragos.
De nuevo el recorrido y la coartada.
De nuevo la rueda
y los esfuerzos vacíos.
Conozco los barcos que huyen al mar -
                carabelas enarboladas en la noche.
Me asomo entre las paredes y los claros,
y sólo lo que puedo es la tristeza al lado.

Comer por los bordes para llegar a los márgenes
para encontrar el nudo
y desatar las naves.
Sombras y llanuras largas.
Hay tiempo para el tiempo
atado a los árboles.
Hay puentes hacia los viejos mundos
y las viejas casas.
Textos, traducciones, mapas, voces.
      (Irrisorios, descosidos)
Nos falta poco, es cierto,
nos queda el mundo encubierto.

IV

Há uma dor ancestral que me ata a terra.
E um frio polar que me assombra os ossos.
Na névoa me vejo
        (teu rosto entre as mãos
        silêncio guardado como tesouro secreto).
Os pés não afundam,
simplesmente caminham acompanhando o compasso.
Fúria de mares contrários ao vento.
Fúria de dentes a mordiscar a maçã.
Temporal de naves
beberagem de náufragos.
De novo o percurso e o pretexto,
De novo a roda
e os esforços vazios.
Conheço os barcos que fogem pro mar -
                    caravelas alçadas na noite.
Me assomo entre as paredes e as clareiras,
e só o que posso é a tristeza ao lado.

Comer pelas beiras para chegar às margens
para encontrar o nó
e desatar as naves.
Sombras e planicies amplas.
Há tempo para o tempo
atado às árvores.
Há pontes para os velhos mundos
e as velhas casas.
Textos, traduções, mapas, vozes.
        (Irrisórios, descosidos)
Nos falta pouco, é certo,
nos resta o mundo encoberto.

V

Para Alfredo Bryce Echenique

Soy loca por el alma rota y los pies descalzos de la bella
América.
Ternura y violencia de siglos, saqueos de pies y de manos, la
frente escondida, la miel añorada, la sonrisa desierta.
Hermosa y triste América Durmiente, soñolienta, envejecida.
América de américas, de lejanías recorridas despacio.
La tarde ahora te convoca al entierro de tu viejo nombre, y te
conviertes en paseo de vientres y recorrido de pájaros.

V

Para Alfredo Bryce Echenique

Sou louca pela alma rota e pelos pés descalços da bela América.
Ternura e violência de séculos, saqueios de pés e de mãos, a
testa escondida, o mel desejado, o sorriso deserto.
Bela e triste América Adormecida, sonolenta, envelhecida.
América de américas, de distâncias percorridas devagar.
A tarde agora te convoca ao enterro do teu velho nome, e te
transformas em passeio de ventres e percurso de pássaros.

VI

Para Lezama Lima

Me encargo de los ojos que miran el horizonte.
No del horizonte éste, de líneas rojizas y pájaros temblantes.
No.
El horizonte aquél, de rayas azules
y alguna que otra nube que enturbia
                              pero pasa.
Porque del horizonte sólo podemos encargarnos a ratos,
cuando el tiempo se distrae y por una vez parpadea.
Parpadeo de Tiempo, solemne y voraz.
Es cuando se nos acerca la vertiente
que desarma el horizonte
que nos arroja la vida.

Sólo una contemplación histórica para percibir
las astillas de horizonte que van cayendo al mundo,
atándose al hombre,
su vida y escenario.
Aunque la mirada es nuestra, nos pertenece por herencia y
cuidado.
Y es ella quien conjura los vacíos que ya se notan por todas
partes
en el horizonte perforado por las eras y notas que atraviesan el
aire.

VI

Para Lezama Lima

Me encarrego dos olhos que olham o horizonte.
Não deste horizonte, de linhas avermelhadas e pássaros trêmulos.
Não.
Daquele horizonte, de linhas azuis
e uma ou outra nuvem que atrapalha
                                        mas passa.
Porque do horizonte nos encarregamos aos poucos
quando o tempo se distrai e por fim pestaneja.
Piscadela de Tempo, solene e voraz.
É quando se aproxima a vertente
que desarma o horizonte
que nos lança a vida.

Só uma contemplação histórica para perceber
os estilhaços de horizonte que vão caindo no mundo,
atando-se ao homem,
sua vida e cenário.
Embora o olhar seja nosso, nos pertença por herança e
cuidado.
E é ele quem conjura os vazios que já se notam por todos os
lados
no horizonte perfurado pelas eras e notas que atravessam o ar.

VII

Lejos, donde la piel del tiempo se pega al espacio,
acontecen los reversos y se crean vertientes.
Por las grietas del horizonte vemos.
Por sus fragmentos nos sabemos hijos,
cómplices, testigos, sondeos...

El ojo que mira y crea el camino
se abre y se cierra con el desdén del paisaje,
el de dentro y el de fuera,
del cuerpo y del alma,
vida y muerte.

VII

Longe, onde a pele do tempo se cola ao espaço,
acontecem os reversos e se criam vertentes.
Pelas frestas do horizonte vemos.
Por seus fragmentos nos sabemos filhos,
cúmplices, testemunhas, sondagens...

O olho que olha e cria o caminho
se abre e se fecha com o desdém da paisagem,
a de dentro e a de fora,
do corpo e da alma,
vida e morte.

VIII

Por acá el sendero que sonríe dientes de dolor.
Por acá la duda que cayó sobre la tierra
como simiente que fecunda el camino.
Por acá el giro u otra cosa cualquiera que desvirtúa lo escrito
para llevarlo a la imagen.
Como de la tierra se extrae el vértigo y el cansancio,
también de la tierra se arranca el carapazón que aguanta los
traqueteos del tiempo.
Así la ecuación se reduce a elementos y términos con señales
complementarias
                                mas nunca exactos.
De la tierra, el calor del principio y la inevitable esperanza
                                que conduce la jornada.

VIII

Por aqui o sendeiro que sorri dentes de dor.
Por aqui a dúvida que caiu sobre a terra
como semente que fecunda o caminho.
Por aqui o giro ou outra coisa qualquer que desvirtua o escrito
para levá-lo à imagem.
Como da terra se extrai a vertigem e o cansaço,
também da terra se arranca a carapaça que aguenta o trotar do
tempo.
Assim a equação se reduz a elementos e termos com sinais
complementares
                                        mas nunca exatos.
Da terra, o calor do princípio e a inevitável esperança
                              que conduz a jornada.

IX

El sueño de la razón se revela en las mismas líneas que velan
su misterio in profundis.
Cualquier contacto en el umbral entre el día y la noche,
bajo lluvia o sol,
reverbera por la esfera, por el globo de la tierra,
nuevos humores, nuevos contactos,
metáforas, imágenes
　　　　　　del ser que seremos.

IX

O sonho da razão se revela nas mesmas linhas que velam
seu mistério in profundis.
Qualquer contato no umbral entre o dia e a noite,
sob chuva ou sol,
reverbera pela esfera, pelo globo da terra,
novos humores, novos contatos,
metáforas, imagens
        do ser que seremos.

X

Sustancia pegajosa clavada a la página,
el verbo se convierte en puro aire,
en humo selecto.
Sombra que te observa desde el techo y la noche
para atraparte la mañana y la tarde.
Sólo el silencio y el encuentro de letras perdidas
alcanzan el túnel que se abre en los ojos.

Los libros nacen del Tiempo.
Las palabras florecen en las sucias ramas de la sociedad.
Los dedos escriben sobre el dolor acumulado
en capas de historia y de vida.
Capas de polvo lúgubre y desértico.
Escribir es tender puentes sobre abismos de olvido.

X

Substância pegajosa cravada na página,
o verbo torna-se puro ar,
vapor seleto.
Sombra que do teto e da noite te observa
para apoderar-se da tua manhã e da tarde.
Só o silêncio e o encontro de letras perdidas
alcançam o túnel que se abre nos olhos.

Os livros nascem do Tempo.
As palavras florescem nos sujos galhos da sociedade.
Os dedos escrevem sobre a dor acumulada
em camadas de história e de vida.
Camadas de poeira lúgubre e desértica.
Escrever é lançar pontes sobre abismos de esquecimento.

XI

He llorado con la muerte sus pequeños recuerdos,
mezcla de huellas de muchos viajes.
Ironicé el pasaje de los días, su moto perpetuo
y me callé al final, en la entrada del túnel.
Pero recién acecho por las grietas
que me quedaron de los antiguos combates.
Apenas me veo, desnuda y encubierta,
limpiando los destellos que el día descansa
                              al pie del paisaje.

XI

Chorei com a morte suas pequenas lembranças,
mescla de marcas de muitas viagens.
Ironizei a passagem dos dias, seu moto perpetuo
e me calei ao final, na entrada do túnel.
Agora espreito pelas frestas
que me restaram dos antigos combates.
Mal me vejo, nua e encoberta,
limpando os lampejos que o dia descansa
                              no pé da paisagem.

XII

Por el borde del camino
por la frontera de arriba o de abajo
por las escaleras pisadas
(y vueltas a pisar)
de tantos siglos de caminar y seguir
comprobamos los descaminos del tiempo.
Sometidos al sueño imperecedero
(pero cargados de idiosincrasias y temblores)
tocamos los timbres del viento.
Somos tierra y cielo
participación incongruente
formas desconectadas
islas de amores y odios
que se sientan para el té de la tarde
o para ver el programa que nos toca en la tele.

Sorprendidos en la tierra del fuego
nos establecemos bajo árboles de frutos prohibidos
y rescatamos los sueños que flotan en el estanque del olvido.
Es nuestro quehacer diario.
Son nuestras preguntas cotidianas.
Labores corrientes que se esparcen
por territorios y tramas.

Hay gigantescos pasos
y otros tan chicos.
Hay nombres en los bordes de las cosas
                              colgados.

XII

Pela beira do caminho
pela fronteira de cima ou de baixo
pelas escadas pisadas
(e tão repisadas)
de tantos séculos de caminhar e seguir
comprovamos os descaminhos do tempo.
Submetidos ao sonho imperecível
(mas carregados de idiossincrasias e tremores)
tocamos os timbres do vento.
Somos terra e céu
participação incongruente
formas desconexas
ilhas de amores e ódios
que se sentam para o chá da tarde
ou para ver na televisão um programa qualquer.

Surpreendidos na terra do fogo
nos estabelecemos sob árvores de frutos proibidos
e resgatamos os sonhos que flutuam no lago do esquecimento.
É nossa tarefa diária.
São nossas perguntas cotidianas.
Trabalhos correntes que se espalham
por territórios e tramas.

Há gigantescos passos
e outros tão pequenos.
Há nomes nas beiras das coisas
                              pendurados.

XIII

Casi siempre encarcelamos los sueños al llegar a casa.
El calor de la familia, su destino sagrado,
nos esparce los nubarrones que flotaban en el aire.
Quedan colgadas de las paredes viejas fotos y lemas
que otrora ocupaban otros lugares.

XIII

Quase sempre encarceramos os sonhos ao chegar em casa.
O calor da família, seu destino sagrado,
espalha as nuvens negras que flutuavam no ar.
Restam penduradas nas paredes velhas fotos e lemas
que outrora ocupavam outros lugares.

XIV

Sinuosas corrientes de miedo nos saludan y sonríen
a lo largo del viaje.
Miedo al tacto ajeno,
al ruido que ensordece el orden
y se encamina hacia el alma.
Miedo a los pies descalzos
que pisan y a veces destruyen
todo viejo cuidado
de viejos miedos pisados.

XIV

Sinuosas correntes de medo nos saudam e sorriem
ao longo da viagem.
Medo do tato alheio,
do ruído que ensurdece a ordem
e se encaminha para a alma.
Medo dos pés descalços
que pisam e às vezes destroem
todo velho cuidado
de velhos medos pisados.

XV

La noche es compañera de las horas cansadas,
del tiempo de espera, del semáforo en rojo.
Asombra con garras de susto o dosis de angustia
los que huyen del murmurio
de sí mismos o del otro,
los que temen el final más profundo de la frase.

La noche que camina tranquila
no reacciona ante presiones o miedos.
Llega y desata los nudos de los zapatos
instigando el silencio,
inventando la gestación que anticipa el parto.

Ya las certidumbres de adentro las tragan los espacios cruzados,
las capas de polvo acumuladas en el cuerpo,
las derrotas partidas en fragmentos de días.
Nocturno es el veneno de los horizontes rotos
entrelazados por tiempos ajenos.

XV

A noite é companheira das horas cansadas,
do tempo de espera, do sinal vermelho.
Assombra com garras de susto ou doses de angústia
os que fogem do murmúrio
de si mesmos ou do outro,
os que temem o final mais profundo da frase.

A noite que caminha tranquila
não reage às pressões e aos medos.
Chega e desata os nós dos sapatos
instigando o silêncio,
inventando a gestação que antecipa o parto.

Já as certezas de dentro são devoradas pelos espaços cruzados,
as camadas de pó acumuladas no corpo,
as derrotas partidas em fragmentos de dias.
Noturno é o veneno dos horizontes quebrados
entrelaçados por tempos alheios.

XVI

Vuelvo a ser péndulo
a correr el riesgo del vacío
a sobrellevar en la espalda el tiempo del mundo.
Vuelvo a esculpir con letras
viejos emblemas en nuevos códigos.
Al fin y al cabo
vierto en el bar de la esquina
(como antes lo haría ante el espejo)
unos sopesados sollozos
de ajenos antojos.
Ahora
(como siempre)
el tiempo da vueltas en torno a sí mismo
y olvida los pasos que cruzan la calle.

XVI

Volto a ser pêndulo
a correr o risco do vazio
a suportar nas costas o tempo do mundo.
Volto a esculpir com letras
velhos emblemas em novos códigos.
Ao fim e ao cabo
verto no bar da esquina
(como antes o faria diante do espelho)
um calculado pranto
de desejos alheios.
Agora
(como sempre)
o tempo dá voltas em torno de si mesmo
e esquece os passos que caminham lá fora.

XVII

Para Josina

¿Qué hacer con los restos de tiempo que respiramos?
¿Qué hacer con los retazos de suertes pasadas y gastadas, con las
sobras de las pequeñas gotas de muerte que tomamos despacio a
cada recomienzo?
Rehacer los caminos y juntar las migajas es siempre arduo, como
lavar la cara después del combate.
Recoser los tejidos rotos, remover los objetos inútiles y
acumulados...
A veces vale más adormecer las querellas, llevarlas a fuego lento, al
baño maría, cocinarlas lentamente en una nueva receta.
En el corazón o en el vientre, nunca se sabe bien, está la brújula, la
dosis de cielo que nos toca.
Luego encajarla en los días que amanecen depende de los ojos y de
las manos.
La elección es simple, pero la distancia tan larga.
Y el viento, un frío augurio de pasos heredados en torno a lo
mismo, a lo fácil, a lo definitivo.
No es poca cosa sonreír las angustias y coser las desdichas; no es
simple levantar la bandera de la paz o cantar la melodía del amor.
No es nada fácil inaugurar lo humano que todavía nos toca.

XVII

Para Josina

O que fazer com os restos de tempo que respiramos?
O que fazer com os retalhos de sortes passadas e gastas, com as
sobras das pequenas gotas de morte que tomamos devagar a cada
recomeço?
Refazer os caminhos e juntar as migalhas é sempre árduo, como
lavar o rosto depois do combate.
Recosturar os tecidos gastos, remover os objetos inúteis e
acumulados...
Às vezes é melhor adormecer as querelas, levá-las a fogo lento, ao
banho maria, cozinhá-las lentamente em uma nova receita.
No coração ou no ventre, nunca se sabe bem, está a bússula, a dose
de céu que nos cabe.
Encaixá-la nos dias que amanhecem depende dos olhos e das mãos.
A escolha é simples, mas a distância tão longa.
E o vento, um frio augúrio de passos herdados em torno do
mesmo, do fácil, do definitivo.
Não é pouca coisa sorrir as angústias e costurar as desditas; não é
simples levantar a bandeira da paz ou cantar a melodia do amor.
Não é nada fácil inaugurar o humano que ainda nos cabe.

XVIII

Andamiajes de cielos y recorridos de vuelos.
A la hora santa las tentaciones se doblegan.
Grita el paisaje sus dolores de parto.
Los pasos del aire en el suelo del mundo
son los mapas que trazan mi camino y el tuyo.
Vergüenza de siglos
que fructifica en ojos propios y ajenos;
en el anverso y reverso de todas las tempestades.
Entre saltar el alambrado o quedarse en el desierto
no queda más remedio que el riesgo.
Entre sonreír las amarguras o llorar simplemente
no queda otra salida que enfrentarse al miedo.
No queda más remedio que recuperar el tono y el canto del
pájaro.

Cree en el tiempo presente, como en una esfinge que anticipa
la muerte de los hijos.
Cree en el sueño del tiempo como un río de imágenes y ecos
que conectan y desconectan a lo largo del camino.
Cree en el vértigo que resiste por debajo de la línea horizontal
del día.

XVIII

Plataformas de céus e percursos de voos.
Na hora santa as tentações se resignam.
A paisagem grita suas dores de parto.
Os passos do ar no chão do mundo
são os mapas que traçam meu caminho e o teu.
Vergonha de séculos
que frutifica nos olhos próprios e alheios;
no anverso e reverso de todas as tempestades.
Entre saltar as cercas de arame ou ficar no deserto
não resta mais remédio que o risco.
Entre sorrir as amarguras ou chorar simplesmente
não resta outra saída além de enfrentar o medo.
Não resta mais remédio que recuperar o tom e o canto do
pássaro.

Crê no tempo presente, como em uma esfinge que antecipa a
morte dos filhos.
Crê no sonho do tempo como um rio de imagens e ecos que
conectam e desconectam ao longo do caminho.
Crê na vertigem que resiste por debaixo da linha horizontal do
dia.

XIX

Hacia el sábado vamos apurados.
Día de muerte y resurrección del cuerpo del mundo.
Sal y nube
en el escenario externo
en el hueso húmero
en el polo y ápice de todo cuidado.
Voy yo por el borde mío
acorralada contra las piedras
envuelta por las aguas.
Todo es ficción sobre la palma de la mano.
Todo es ficción bajo el cielo.

XIX

Caminhamos com pressa em direção ao sábado.
Dia de morte e ressurreição do corpo do mundo.
Sal e nuvem
no palco externo
no osso úmero
no polo e ápice de todo cuidado.
Ando pelas minhas beiradas
encurralada contra as pedras
envolta em águas.
Tudo é ficção sobre a palma da mão.
Tudo é ficção sob o céu.

XX

La clave para romper el horizonte a cuchilladas es hacerlo
cuando ya las luces estén a punto de apagarse.
En las tinieblas, en la oscuridad de los ojos,
es más fácil romper el camino
o destrozar las nubes que empañan la distancia insegura
que corre adelante.

Romper el horizonte con los pies también es posible,
y más saludable,
desde que el gesto se detenga en el límite del canto o de las artes.

De cualquier manera, pagamos un valor específico por cada osadía,
por cada descamino creado desde los ojos,
las manos, los pies, el hígado o el corazón.

Romper el horizonte es, por tanto, arriesgado y difícil.
Hay que ponderarlo antes de intentar callar las distancias.
Tus pies en las calles desfloran la fauna y la flora
de los días sacramentados.

XX

O segredo de cortar o horizonte a faca é fazê-lo
quando as luzes já estejam a ponto de apagar-se.
Nas trevas, na escuridão dos olhos,
é mais fácil romper o caminho
ou estraçalhar as nuvens que embaçam a distância insegura
que corre adiante.

Cortar o horizonte com os pés também é possível,
e mais saudável,
desde que o gesto se detenha no limite do canto ou das artes.

De qualquer maneira, pagamos um preço específico por cada ousadia,
por cada descaminho criado com os olhos,
as mãos, os pés, o fígado ou o coração.

Cortar o horizonte é, portanto, arriscado e difícil.
Deve-se ponderar muito antes de tentar calar as distâncias.
Teus pés na estrada defloram a fauna e a flora
dos dias sacramentados.

XXI

Come deprisa porque vienen los lobos y las trincheras están marcadas por señas y pobladas de vientos huracanados.

Nada es estéril si se trata de lo humano, en peligro o en la paz de los dioses, somos entero conflicto de voces que resuenan por todas partes. Sonreímos perlas en las casuchas tristes; lloramos el oro y la plata que comen los santos. Vivimos de sacar las piedras de adentro y con ellas inventamos los nuevos horizontes por donde caminar.

XXI

Come depressa porque já vêm os lobos e as trincheiras estão marcadas com senhas e povoadas por ventos tormentosos.
Nada é estéril se se trata do humano, em perigo ou na paz dos deuses, somos inteiro conflito de vozes que ressoam por todos os lados.
Sorrimos pérolas nos casebres tristes; choramos o ouro e a prata que comem os santos. Vivemos de tirar as pedras de dentro e com elas inventamos os novos horizontes por onde caminhar.

LA PIEL DE LOS CAMINOS

A PELE DOS CAMINHOS

La piel de los caminos

I

Bailan los vientos del sur al norte.
Próximo al margen se siente lo humano.
Corren en correderas las fuentes y las aguas.
La ruptura es nada más un desvío por aprovechar.
Viajar para contrarrestar la vorágine de lo externo.
Todo viaje va hacia dentro de los ojos.

A PELE DOS CAMINHOS

I

Bailam os ventos do sul ao norte.
Próximo à margem sente-se o humano.
Correm em corredeiras as fontes e as águas.
A ruptura é apenas um desvio para aproveitar.
Viajar para contra-atacar a voragem do externo.
Toda viagem conduz para dentro dos olhos.

II

Para Bethania

Salta por los ojos un paisaje de nubes que te toca los pies.
Si te subes por este hilo verás que el horizonte
se abre como boca hambrienta
y las esquinas te atrapan en el juego del goce.

Te entran ganas de escribir el horizonte.

Andar la ciudad es lo mismo que amarla
en este recoger despacio
en el cuidado del toque y la mirada.

Vivir la ciudad o probarla es un sello en el alma.
La memoria se pega a los pies
y caminamos sobre los recuerdos que guardan los pasos.

II

Para Bethania

Salta pelos olhos uma paisagem de nuvens que toca os pés.
Se subir por este fio verá que o horizonte
se abre como boca faminta
e as esquinas te agarram no jogo do gozo.

Dá vontade de escrever o horizonte.

Andar a cidade é o mesmo que amá-la
neste lento percurso
no cuidado do toque e do olhar.

Viver a cidade ou prová-la é um selo na alma.
A memória se cola aos pés
e caminhamos sobre as lembranças guardadas nos passos.

Río de Janeiro

Río de Janeiro de la tercera hora. Pies en el suelo rojo de tierra preñada, henchida de dolor y de ganas de encontrar el futuro.

Río de Janeiro de todas las horas, horizonte de casas y aguas descosidas; de bronceados paisajes, pasajes y viento.

Su comienzo es la llegada de la nao; el derramamiento de la gloria por la alfombra roja de los días.

Toda ciudad deja una cicatriz, escritura de calles y migajas de tiempos mojadas de lluvia o doradas de sol.

Mapa humano cuyos ojos sonríen otro medio y ambiente; mapa de manos, de palabras, de voces. Mapa de líneas que se camuflan en el paisaje, entre las hojas y las aguas.

Por allá los paseos diarios, las compras en el mercado, la rutina de peso y tamaño variables.

Río de Janeiro de tiempo inconcluso, de pies quemados por la correría, por la plancha ardiente, por la fuerza bruta.

Brutalizados, los territorios del miedo sobreviven en figuraciones de sombras ambíguas, de contornos eróticos y miedos soterrados.

Río de Janeiro de estrepitosa lágrima o sonrisa, de nuevos dolores de parto.

Te bendiga ese mar de azulado manto. Te bendigan los dioses, los rayos y los santos. Te cuiden y conjuren tus mares salados, tus pies sangrientos, tus hijos de barro.

Rio de janeiro

Rio de Janeiro da terceira hora. Pés no chão vermelho de terra prenhada, enchida de dor e de vontade de encontrar o futuro.

Rio de Janeiro de todas as horas, horizonte de casas e águas descosidas; de bronzeadas paisagens, passagens e vento.

Seu começo é a chegada da nau; o derramamento da glória pelo tapete vermelho dos dias.

Toda cidade deixa uma cicatriz, escritura de ruas e migalhas de tempos molhadas de chuva ou banhadas de sol.

Mapa humano cujos olhos sorriem outro meio e ambiente; mapa de mãos, de palavras, de vozes. Mapa de linhas que se camuflam na paisagem, entre as folhas e as águas.

Por aí os passeios diários, as compras no mercado, a rotina de peso e tamanho variáveis.

Rio de Janeiro de tempo inconcluso, de pés queimados pela correria quente, pela chapa ardente, pela força bruta.

Brutalizados, os territórios do medo sobrevivem em figurações de sombras ambíguas, de contornos eróticos e medos soterrados.

Rio de Janeiro de estrepitosa lágrima ou sorriso, de novas dores do parto.

Te bendiga esse mar de azulado manto. Te bendigam os deuses, os raios e os santos. Te cuidem e conjurem teus mares salgados, teus pés sangrentos, teus filhos de barro.

ROMA

Menos grados en Roma de lo que manda la piel.
Una misa en italiano
no tan indulgente como la de Cisneros en Budapest
pero sí suficientemente dulce
como para llegar a recordar un pasado que no me pertenece.
Pasta y pizza hasta ponerse morada
y una maleta atiborrada de fotografías.
También ojos llenos de una ciudad que mantiene el pasado
como farolas que acunan el presente,
que lo miman haciéndolo jugar con Nerón y Palas Athenas
(entre otros tantos).
Ciudad de respiración profunda
que gira en torno a las piedras estáticas de antepasados y glorias
y que requiere del rocío que renueva
más profundidad de devenir
más horizonte de mañana
más manos en la brújula del hoy.

ROMA

Menos graus em Roma do que suporta a pele.
Uma missa em italiano
não tão indulgente como a de Cisneros em Budapeste
mas suficientemente doce
para chegar a recordar um passado que não me pertence.
Massa e pizza até ficar roxa
e uma mala entupida de fotografias.
Também olhos cheios de uma cidade que mantém o passado
como luzes que embalam o presente,
que o mimam fazendo-o brincar com Nero e Palas Athenas
(entre outros tantos).
Cidade de respiração profunda
que gira em torno das pedras estáticas de antepassados e glórias
e que requer do orvalho que renova
mais profundidade de devir
mais horizonte de amanhã
mais mãos na bússola do hoje.

TRIPLE FRONTERA

I

La frontera, el borde,
nicho de mercado
de frutos madurando
que caen por su peso.
La frontera, la margen,
conocimientos partidos
por puentes y calles.
Conocimientos atravesados
por caminos invisibles
de idas sin vueltas
de voces plegadas
de desveredas
                    pendientes.

La frontera, el borde, la margen.
Piel de gente y caminos
muros escritos por sus propios pasos.

Tríplice fronteira

I

A fronteira, a borda,
nicho de mercado
de frutos que amadurecem
e caem por seu próprio peso.
A fronteira, a margem,
conhecimentos partidos
por pontes e ruas.
Conhecimentos atravessados
por caminhos invisíveis
de idas sem voltas
de vozes dobradas
de desveredas
          pendentes.

A fronteira, a borda, a margem.
Pele de gente e caminhos
muros escritos por seus próprios passos.

II

Para Horacio Quiroga

Hacer correr el barco bajo un sol tan raro como este que se ve arriba, y que desde allá nos aplasta como gusanos.

Entrar al barco y observar cómo el agua se va por las manos, seduciendo las yemas de los dedos con la única frescura posible en esta tarde tan dura y extremada.

Qué tarde tan a la deriva del tiempo, una pobre parte de otro fluir, menos urbano y determinante; ella misma, como yo, busca un puerto o un lugar donde aparcar los ojos y apagar la excesiva luz, el tremendo ruido del mundo alrededor.

Arreglar el nudo de la corbata, atarlo y perfeccionarlo para escapar de la deriva; un nudo, una corbata, un lugar en el mundo y bajo el mismo sol de todos, compartido por tantos barcos que deambulan por nuevas (y siempre nuevas) aguas de ríos, por entre cruces y encrucijadas.

(Hoy me ha salido un gusanito del gusano que soy; de buena textura, blanquecino como el alba que ya no volveré a ver).

II

Para Horacio Quiroga

Fazer o barco correr sob um sol tão estranho como esse que se vê
agora, e que de lá de cima nos esmaga como vermes.
Entrar no barco e observar como a água se esvai pelas mãos,
seduzindo as pontas dos dedos com a única frescura possível nesta
tarde tão dura e extremada.
Que tarde tão à deriva do tempo, uma pobre parte de outro fluir,
menos urbano e determinante; ela, como eu, busca um porto
ou um lugar onde estacionar os olhos e apagar a excessiva luz, o
tremendo ruído do mundo ao redor.
Arrumar o nó da gravata, atá-lo e aperfeiçoá-lo para escapar da
deriva; um nó, uma gravata, um lugar no mundo e sob o mesmo
sol de todos, compartilhado por tantos barcos que perambulam
por novas (e sempre novas) águas de rios, por entre cruzamentos e
encruzilhadas.
(Hoje me saiu um vermezinho do verme que sou; de boa textura,
esbranquiçado como a alvorada que não voltarei a ver).

La Paz

En La Paz, por el aire
se escucha el filo que más corta
a la altura del pecho
donde las palabras ya son pasos.

Acá en esta residencia en la tierra
hay un silencio adentro,
más abajo
       respirando.

La Paz

Em La Paz, o fio que mais corta
atravessa o ar
na altura do peito
onde as palavras já são passos.

Aqui nesta residência na terra
há um silêncio dentro,
abaixo
       respirando.

MACHU PICCHU

Hay que irse a Machu Picchu
para escuchar el sollozo del aire
tragar esa luz que emanan las piedras
y morder eslabones antiguos.
Hay que subir las escaleras
bajar desde la cumbre al valle
    del valle a la cumbre
     y otra vez al valle
para empezar la historia.
El mundo rompe cadenas
cada vez que se le enfrenta.
El paisaje parte los ojos en partes de tiempo
devora el inicio y pare el camino
   que avanza en su lecho de agua.
 El paisaje es serpiente enroscada
    del cielo al zapato.

MACHU PICCHU

Deve-se ir a Machu Picchu
para escutar o soluço do ar
tragar essa luz que emanam as pedras
e morder elos antigos.
Deve-se subir as escadas
descer do cume ao vale
        do vale ao cume
        e outra vez ao vale
para começar a história.
O mundo rompe correntes
sempre que o enfrentarmos.
A paisagem parte os olhos em partes de tempo
devora o início e pare o caminho
    que avança em seu leito de água.
 A paisagem é serpente enroscada
      do céu ao sapato.

Para Aníbal

En el horizonte de la espera
hay barcos anclados a tierra
soñando con despertar
en la libertad del mar.
En el horizonte de la espera
hay miradas colgadas
mensajes cifrados
humeantes deseos
que aguardan el momento de deshacer los nudos
y arrojarse al tiempo.

El horizonte, la línea de frontera que une y separa,
la membrana de cielo y tierra que nos enmarca,
guarda el arca de la alianza,
guarda la promesa del alba
con sus luces mezcladas.

El horizonte éste, que reconstruye pasos
sobre viejos dilemas,
nuevos senderos sobre historias pasadas.

En la línea que descansa sobre el horizonte
duerme la esperanza al compás de la espera;
acuna el tiempo el futuro
que al fin y al cabo nos atrapa el alma.

Con el corazón a tientas,
(ojos vendados, ciegos de luminosidad)
cumplo con la respiración que me exhala la vida,
dibujo cartografías extrañas,
retorno al principio del mundo.
La línea que aprisiona el horizonte es la misma que nos insta a andar.

Para Aníbal

No horizonte da espera
há barcos ancorados à terra
sonhando com despertar
na liberdade do mar.
No horizonte da espera
Há olhares suspensos
mensagens cifradas
fumegantes desejos
que aguardam o momento de desfazer os nós
e lançar-se ao tempo.

O horizonte, a linha de fronteira que une e separa,
a membrana de céu e terra que nos demarca,
guarda a arca da aliança,
guarda a promessa da alvorada
com suas luzes mescladas.

Este horizonte, que reconstrói passos
sobre velhos dilemas,
novos sendeiros sobre histórias passadas.

Na linha que descansa sobre o horizonte
a esperança dorme no compasso da espera;
o tempo embala o futuro
que finalmente nos alcança a alma.

Com o coração às cegas,
(olhos vendados, cegos de luminosidade)
cumpro com a respiração que a vida exala,
desenho cartografias estranhas,
retorno ao princípio do mundo.
A linha que aprisiona o horizonte é a mesma que nos obriga a andar.

TUS MANOS

Quiero guardar tus manos
cuando el paisaje se encuentre
con tus pupilas cansadas.

Quiero guardar tus manos
cerca del sol de mi piel
en las sábanas que recorren mi cuerpo.

En el tacto
      en la boca entreabierta
            a la vuelta de tu mirada.

Quiero guardar tus manos
como las flores colgadas
para enmarcar el día
y proteger los umbrales.

Tus manos en mi cuerpo
tatuaje de sueños
dibujando mapas del deseo
de vitalidad conquistada.

Tus manos y mi cuerpo
en la complicidad de las voces cotidianas
que desayunan mañanas
y devoran las tardes.

TUAS MÃOS

Quero guardar tuas mãos
quando a paisagem se encontre
com tuas pupilas cansadas.

Quero guardar tuas mãos
perto do sol de minha pele
nos lençóis que percorrem meu corpo.

No tato
            na boca entreaberta,
                        na esquina do teu olhar.

Quero guardar tuas mãos
como as flores que pendem
para emoldurar o dia
e proteger os umbrais.

Tuas mãos em meu corpo
tatuagem de sonhos
desenhando mapas do desejo
de vitalidade conquistada.

Tuas mãos e meu corpo
na cumplicidade das vozes cotidianas
que se alimentam de manhãs
e devoram as tardes.

RUIDOSAS PALABRAS

Solos ante la pared
    ante el destino o
    ante la nada
Ponemos letras de oro
para intentar escribir el vacío.
Sopesamos entre los dedos
un pedazo de alma hecho escritura.
Soñamos con llenar el silencio
con ruidosas palabras.

Ruidosas palavras

Sozinhos diante da parede
     diante do destino ou
     diante do nada
Usamos letras de ouro
para tentar escrever o vazio.
Examinamos com os dedos
um pedaço de alma feito escritura.
Sonhamos em encher o silêncio
com ruidosas palavras.

MAPA

Con los pies de indio no me pises la alfombra blanca.
Con los pies de negro no me alcances la sala principal.
Con esta sonrisa dudosa no me mires a los ojos
que los tengo seguros
que los quiero salvados de dudas o dolores.
He pasado ya el puente de la incertidumbre.
He cruzado el umbral de los tiempos duros y gastados.
Como en la mesa y uso adecuadamente los cubiertos.
Sé mantener el mantel y la máscara.
Cierro los ojos de noche y cuento las ovejitas blancas.
Duermo tranquila después de rezar.
Hoy tengo organizado el mundo
y mis pasos caminan sin vacilar por el mapa.
El mismo mapa que me dieron en la cuna,
que me hicieron tragar en la leche,
y que aprecio cómodamente
desde la ventana o la internet.
Ah! Y canto bien las canciones que enamoran o tranquilizan.
Con esfuerzo aprendí las perfectas consignas
con que mantenerme de pie
con que lavar la cara antes de acostarme
con que descansar el susto cotidiano de existir por acá.

MAPA

Com pés de índio não pise no tapete branco.
Com pés de negro não chegue na sala principal.
Com este sorriso duvidoso não me olhe nos olhos
que os tenho em segurança
que os quero à salvo de dúvidas ou dores.
Já passei pela ponte da incerteza.
Cruzei o umbral dos tempos duros e gastos.
Como à mesa e uso adequadamente os talheres.
Sei manter a maquiagem e a máscara.
Fecho os olhos de noite e conto as ovelhinhas brancas.
Durmo tranquila depois de rezar.
Hoje o mundo está organizado
e meus passos caminham sem vacilar pelo mapa.
O mesmo mapa que me deram no berço,
que me fizeram tragar no leite,
e que aprecio comodamente
da janela ou da internet.
Ah! E canto bem as canções que enamoram ou tranquilizam.
Com esforço aprendi os lemas perfeitos
com os quais permanecer de pé
com os quais lavar o rosto antes de deitar
com os quais descansar do susto cotidiano de existir do lado de
cá.

EPÍLOGO

Toqué la trompeta y salió agua.
Busqué el camino y me salieron nubes.
Ruidos apenas hilados en formas imperfectas,
colgados del aire,
prendidos al viento.

Epílogo

Toquei o trompete e saiu água.
Procurei o caminho e me sairam nuvens.
Ruidos mal fiados em formas imperfeitas,
suspensos no ar,
presos ao vento.

DIANA ARAUJO PEREIRA (Río de Janeiro, Brasil, 1972) tiene dos poemarios publicados: *Vientreadentro* (con Adolfo Montejo Navas, RJ, plaquette poética, 2006) y *Otras Palabras/Outras Palavras* (RJ, editorial 7Letras, 2008). Participa como poeta de las antologías *Cancionero Pluvial del Iguazú* (Lima, Casa del Poeta Peruano, 2012) y *Multilingual Anthology* (New York, Artepoética Press, 2014). Ha participado en Festivales Internacionales de Poesía: IX Encuentro Literario Internacional de Misiones (Argentina, 2012), Casa Tomada (Casa de las Américas, Cuba, 2013), The Americas Poetry Festival of New York (Nueva York, 2014) y Festival de Poesía de Guayaquil (Ecuador, 2015). Es doctora en literaturas hispánicas y actúa como docente en la Universidad Federal de la Integración Latinoamericana (UNILA), en Foz do Iguaçu, Brasil. En la actualidad, es presidenta de la Asociación Brasileña de Hispanistas. Ha traducido a varios poetas y es autora o colaboradora de diversos libros de crítica literaria.

DIANA ARAUJO PEREIRA (Rio de Janeiro, Brasil, 1972) tem dois poemários publicados: *Vientreadentro* (com Adolfo Montejo Navas, RJ, plaquette poética, 2006) e *Otras Palabras/Outras Palavras* (RJ, editora 7Letras, 2008). Participa como poeta das antologias *Cancionero Pluvial del Iguazú* (Lima, Casa del Poeta Peruano, 2012) e *Multilingual Anthology* (New York, Artepoética Press, 2014). Participou de Festivais Internacionais de Poesia: IX Encuentro Literario Internacional de Misiones (Argentina, 2012), Casa Tomada (Casa de las Américas, Cuba, 2013), The Americas Poetry Festival of New York (Nueva York, 2014) e Festival de Poesía de Guayaquil (Equador, 2015). É doutora em literaturas hispânicas e atua como docente na Universidade Federal da Integração Latino-americana (UNILA), em Foz do Iguaçu, Brasil. Atualmente, é Presidente da Associação Brasileira de Hispanistas. Traduziu vários poetas e é autora ou colaboradora de diversos livros de crítica literaria.

23 de agosto de 2013

Muy estimada poeta:

He leído con mucho interés su libro *Otras palabras*, que están lejos de ser "balbuceos poéticos", como me dice usted, con modestia, en su generosa dedicatoria. En las citas iniciales, tan justas, pudo haber añadido los nobles versos de Antonio Machado: "Y la ola humilde a nuestros labios vino/ de unas pocas palabras verdaderas": porque eso, verdaderas, son sus *Otras palabras*.

Roberto Fernández Retamar, Casa de las Américas.

Minha cara poeta:

Li com muito interesse o seu livro *Outras palavras*, que estão longe de ser "balbucios poéticos", como você diz, com modéstia, em sua generosa dedicatória. Nas epígrafes iniciais, tão justas, poderia ter acrescentado os nobres versos de Antonio Machado: "E a onda humilde a nossos lábios veio/ de umas poucas palavras verdadeiras": porque isso, verdadeiras, são suas *Outras palavras*.

Roberto Fernández Retamar, Casa de las Américas.

La poética de Diana Araujo Pereira está marcada por esta búsqueda de sentido, es decir, por la búsqueda del sentido de sí. Este sentido no es fruto de momentos epifánicos o de la inspiración sagrada de las musas; al contrario, al quehacer poético se le enfrenta como labor, como trabajo, como resultado del esfuerzo humano. [...] Es la conciencia de utilizarse de la palabra del otro y de la lengua española, en tierras europeas, para encontrar, construir y desvelar su propio universo semántico, lo que pone la poesía de la autora en conveniente diálogo con el pensamiento estético y político latinoamericano.

Dr. Anselmo Peres Alós – "Errâncias poéticas de uma latino-americana no velho continente" - Revista Estudos Feministas, Florianópolis, 21(2): 727-743, mayo-agosto/2013.

A poética de Diana Araujo Pereira está marcada por esta busca de sentido, ou melhor, pela busca do sentido de si. Este sentido não é fruto de momentos epifânicos ou da inspiração sagrada das musas; pelo contrário, o fazer poético é encarado como labor, como trabalho, como resultado do esforço humano. [...] É a consciência de se utilizar da palavra do outro e da língua espanhola, em terras europeias, para encontrar, construir e desvelar seu próprio universo semântico, que coloca a poesia da autora em diálogo profícuo com o pensamento estético e político latino-americano.

Dr. Anselmo Peres Alós – "Errâncias poéticas de uma latino-americana no velho continente" - Revista Estudos Feministas, Florianópolis, 21(2): 727-743, maio-agosto/2013.